수줍은 아이,
손을 높이 들다

행복한 삶, 마음 Pick! ⑤
수줍은 아이, 손을 높이 들다

글 클레어 프리랜드, 제클린 토너 | **그림** 이영 | **옮김** 조연진

펴낸날 2023년 3월 3일
펴낸이 김주한 | **책임편집** 조연진 | **책임마케팅** 김민석 | **디자인** 알음알음
펴낸곳 픽 | **출판등록** 제406-251002015000039호
제조국 대한민국 | **사용연령** 8세 이상
주소 (10881) 경기도 파주시 회동길 471(문발동) 몽스패밀리Bd. 301호, 302호

ⓒ 이영, 2023

ISBN 979-11-92182-52-0 74180
ISBN 979-11-87903-96-3 74080 (세트)

이 책을 무단 복사, 복제, 전재하는 것은 저작권법에 저촉됩니다.
※ 잘못된 책은 서점에서 바꾸어 드립니다.

Peak을 향한 Pick_픽은 〈잇츠북〉의 교양서 브랜드입니다.

What to Do When You Feel Too Shy by Claire A. B. Freeland, PhD, and Jacqueline B. Toner, PhD

This Work was originally published in English under the title of What to Do When You Feel Too Shy: A Kid's Guide to Overcoming Social Anxiety as publication of the American Psychological Association in the United States of America. Copyright ⓒ 2016 by the American Psychological Association (APA). The Work has been translated and republished in the Korean language by permission of the APA. This translation cannot be republished or reproduced by any third party in any form without express written permission of the APA. No part of this publication may be reproduced or distributed in any form or by any means or stored in any database or retrieval system without prior permission of the APA.

Korean translation copyright ⓒ 2023 It's Book Publishing Co.
This Korean translation is published by arrangement with the American Psychological Association (APA) through Greenbook Literary Agency.

이 책의 한국어판 저작권과 판권은 그린북저작권에이전시영미권을 통한 저작권자와의 독점 계약으로 잇츠북 출판사에 있습니다. 저작권법에 의해 한국 내에서 보호를 받는 저작물이므로 무단 전재와 무단 복제, 전송, 배포 등을 금합니다.

글 클레어 프리랜드, 제클린 토너 Claire A. B. Freeland, PhD, and Jacqueline B. Toner, PhD
그림 이영 · 옮김 조연진

수줍은 아이, 숨을 높이 들다

사람들 앞에서 편안해지는 연습

픽

차례

1장 무대 위의 광대   6
사람들의 주목을 받을 때

2장 사나운 사자 길들이기   16
불안할 때 우리 몸에 생기는 일

3장 저글링을 잘하려면   30
생각 바꾸기의 힘

4장 높이 높이, 더 멀리   42
불안감을 이겨 내는 연습

5장 거울의 방에서   56
사람들과 대화하는 연습

| 6장 | 서커스 단장이 하는 일 | 68 |

원하는 걸 소리 내어 말하는 연습

| 7장 | 예상치 않은 일 앞에서 | 80 |

멈추고 생각하는 연습

| 8장 | 편히 앉아 그저 쓸기 | 92 |

긴장과 스트레스를 내려놓는 연습

| 9장 | 잘할 수 있을 때까지 | 102 |

나 자신에게 친절하기

부록 : 학부모와 교사에게 드리는 글   106

1장

무대 위의 광대

사람들의 주목을 받을 때

반짝반짝한 조명, 신기한 마술, 하늘을 나는 것 같은 공중그네, 아슬아슬한 줄타기, 동물들의 놀라운 묘기…….

아마 서커스를 직접 본다면 눈이 휘둥그레질 거야. 어때, 서커스를 보러 갔다고 한번 상상해 볼까?

먼저 광대를 소개할게. 서커스에서는 항상 광대가 나와. 광대는 아주 유쾌해. 우스꽝스러운 동작을 하거나 이런저런 손재주를 부려서 우리를 웃게 만들어.

광대를 본 적이 없다고? 찾기 쉬워. 눈에 잘 띄거든. 광대는 보통 밝고 쨍한 원색 옷을 입고 있어. 요란한 가발이나 알록달록한 모자를 쓰기도 하고, 자기 발보다 커다란 신발을 신기도 해. 광대에 대해 잘 몰라도 별 상관은 없어. 광대에 대해서 말하고 싶은 건 따로 있거든.

광대가 화려한 복장을 하고 우스꽝스러운 동작을 하는 이유가 뭘까? 사람들의 시선을 받기 위해서야. 짠! 드디어 무대 위에 광대가 등장했어. 사람들의 시선이 모두 광대를 향하고 있어. 광대는 사람들이 무대 위의 자신을 바라보는 걸 좋아해. 정말 그래 보이지 않니?

광대만 그런 건 아니야. 네 주변에도 사람들의 주목을 받으며 즐거워하는 친구가 있을 거야. 누군가가 떠오른다고? 보통 성격이 활달한 친구들이 그럴 테지만, 사실 우리도 가끔 그럴 때가 있어. 누구나 때로는 사람들의 주목을 받고 싶지.

너는 어떠니? 사람들이 모두 너를 바라보고 주목하는 순간을 떠올려 보자. 사람들이 시선이 일제히 나한테 집중되는 순간 말이야. 스포트라이트를 받는 순간에 기분이 어떨까? 불편할 것 같다고? 도망치고 싶다고? 가끔은 사람들의 주목을 받고 싶지만, 보통은 안 그러고 싶을 거야.

다른 사람이 나를 바라보고 신경 쓰고 평가한다고 여기면 누구나 마음이 불편해져. 그런 상황에서는 누구든 수줍고, 부끄럽고, 겁이 나. 하지만 이런 불편한 느낌이나 감정이 그렇게 이상하고 나쁜 건 아니야. 간혹 우리를 당황하게 하거나 불편하게 만들더라도 우리가 느끼는 감정은 모두 소중하고 중요해. 어떤 감정도 무조건 나쁘지는 않다는 걸 먼저 기억하자.

그런데 사람들의 주목을 받는 순간에 그냥 조금 불편한 게 아니라 너무너무 불편해서 못 견딜 정도라면?

유달리 자주 그런 사람도 있어. 지나치게 수줍음을 타고 부끄러움을 느끼는 사람은 몸과 마음이 자주 긴장돼. 그래서 마음속에서만 어려움이 생기는 게 아니라 실제로도 어려운 처지에 놓일 수 있어.

꼭 하고 싶은 일, 해야 일, 정말 중요한 일이 있는데 수줍어서 못 한다면 어떻겠니. 수줍음이 이런 일들을 하지 못하도록 막는 거야.

다른 사람이 나를 보고 웃을까 봐, 비난할까 봐 걱정부터 앞선다면, 그래서 창피함이나 당황스러움을 자주 느끼면, 흥미롭고 재미있는 일, 멋진 일을 자꾸 놓치게 돼. 수줍다고 자꾸 사람들을 피하면 점점 더 외로워지고 혼자 남겨진 느낌도 들 거야.

이해했니? 지나친 수줍음이나 부끄러움은 그저 마음이 불편한 것에서 끝나지 않아. 네가 원하는 것, 네게 필요한 것을 얻지 못하도록 막는 훼방꾼이 될 수도 있어.

사람들의 주목을 받거나 그럴까 봐 부끄럽고 창피했던 경험이 있니? 언제 그랬는지 한번 이야기해 볼까?

수줍음을 느끼거나 부끄러웠던 경험을
글로 적거나 그림으로 그려 보자.

돌이켜보니 사람들이 나를 쳐다볼까 봐 걱정한 적이 여러 번 있었다고? 그렇다면 그런 상황에서는 어떻게 하면 좋을지 차근차근 알아보자.

단번에 수줍음이 모두 사라지는 비법은 없어. 시간이 좀 걸릴 거야. 하지만 마음을 가볍게 먹어도 좋아. 한 발 한 발 나아가면서 점점 나아질 테니까. 수줍음을 잘 다룰 줄 알게 되면 다른 사람과 함께하는 일에 점점 자신감이 붙을 거야. 나중에는 다른 사람의 주목을 받는 일도 그리 나쁘지 않다고 생각하게 될지 몰라.

2장

사나운 사자 길들이기

불안할 때 우리 몸에 생기는 일

다시 서커스 무대로 돌아가 볼까? 사자가 나올 차례가 되었어. 조련사가 채찍을 휘익! 하고 휘두르면, 사자는 이쪽에서 저쪽으로 훌쩍! 큰 후프 사이를 펄쩍! 사자의 놀라운 재주에 관중들은 사자와 조련사에게 아낌없이 박수를 보내고 있어.

사자는 덩치가 크고 사나운 동물이야. '어흥!' 하는 소리는 귀를 쩌렁쩌렁 울리지. 서커스의 조련사는 이런 사자가 두렵지 않을까? 사자와 함께 무대에 서도 괜찮은 걸까?

조련사는 사자를 별로 두려워하는 것 같지 않아. 사자를 데리고 공연하는 법을 잘 알고 있어서일 거야.

하지만 우리는 조련사가 아니라서 이렇게 할 수 없어. 숙련된 조련사가 아닌 보통 사람이 사나운 사자를 만나면 두려움에 떨면서 멀리 도망치려 들 거야.

두려움을 느끼는 건 정말 다행스러운 일이야. 그렇지 않다면 무작정 사자를 키우고 싶어 할지도 모르잖아. 조련사처럼 오랜 기간 사자를 길들이는 법을 익히지 않은 사람이 아무 대책도 없이 사자를 키우는 건 몹시 위험한 일이야.

위험한 상황에 놓이면 우리 몸은 우리에게 위험을 알리는 신호를 보내. 온몸이 덜덜 떨리기 시작하고, 심장은 보통 때보다 빠르게 뛰고, 근육은 뻣뻣하게 굳어 버려.

우리 몸이 보내는 위험 신호는 우리를 돕는 고마운 존재야. 이런 신호 덕분에 우리가 안전하게 지낼 수 있어.

하지만 사나운 사자가 없는데도 가끔 이런 일이 벌어져. 우리를 해칠 만한 게 아무것도 없는데도 우리 몸이 이렇게 반응하는 거야. 이런 걸 '불안'이라고 해. 누구나 종종 불안함을 경험해. 불안하면 우리 몸은 마치 두려울 때처럼 위험 신호를 보내.

불안은 살금살금 우리에게 다가와. 미처 눈치채지 못한 사이에 어느새 우리 가까이에 와 있곤 해.

부끄럽고 창피하거나 당황스러울 때 불편한 건, 우리가 불안하기 때문이야. 그래서 몸이 위험 신호를 보내기 때문이야.

오른쪽을 보자. 이 아이는 지금 불안해하고 있어. 낯선 장소에 있거나 사람들 앞에서 말해야 하는 상황은 아닐까? 불안할 때 몸의 어디에서 반응이 나타나는지는 사람마다 달라.

너는 어떠니? 사람들의 주목을 받아서 불편했다면 몸의 어디에서 어떤 반응이 나타났니?

다음과 같은 상황에서 대부분의 사람들이 불안함을 느낀다고 해. 혹시 너도 그랬다면 언제 그랬는지 표시해 보자.

☐ 크게 답을 말하거나 책을 읽어야 할 때

☐ 사람들 앞에서 발표해야 할 때

☐ 앞에 나가서 문제를 풀거나 글씨를 써야 할 때

☐ 다른 친구들과 함께 과제를 수행해야 할 때

☐ 여러 명의 아이들에게 다가가서 놀이에 끼워 달라고 할 때

☐ 생일 파티에 초대받아서 갔을 때

☐ 지각해서 교실에 늦게 들어갈 때

☐ 다른 집에 놀러 가서 화장실을 써야 할 때

☐ 물건을 빌려야 할 때

☐ 전화를 받아야 할 때

☐ 전화를 걸어야 할 때

- ☐ 식당에 가서 음식을 주문할 때
- ☐ 야외 활동에 다같이 참여해야 할 때
- ☐ 발표회에서 노래를 부르거나 연주해야 할 때
- ☐ 친구에게 놀러 가자고 할 때
- ☐ 대화를 시작할 때
- ☐ 어른과 이야기할 때
- ☐ 물건을 사고 계산할 때

이제 잠시 이 상황들을 다시 잘 살펴보자. 알아챘니? 어떤 경우도 실제로는 위험하지 않아! 사나운 사자가 바로 곁에서 날뛰는 것 같은 그런 위험한 상황은 하나도 없어. 그런데도 우리 몸은 실제로 위험이 닥친 것처럼 반응할 수 있어. 우리가 불안함을 느끼기 때문이야.

위험이 닥친 것처럼 우리를 불안하게 만드는 어떤 상황을 '기폭제'라고 해. '계기가 되는 일'이라는 뜻이야.

기폭제가 생기면 자꾸만 걱정을 하게 돼. 지나친 걱정을 하면 긴장되고 불안한 느낌이 들어. 그러면 창피하고 부끄러운 마음이 생기고, 그 상황을 벗어나고 싶어져. 결국 꼭 해야 할 일도 할 수 없게 돼.

어떤 일이 계기가 되어 이렇게 되기까지의 과정은 마치 하나의 고리와 같아. 연결된 고리처럼 다음 단계로 계속 이어지는 거야. 기폭제가 '걱정하는 생각'을 만들고, 그 생각이 우리를 불안하게 하고, 그래서 그 상황을 벗어나려고 하는 거지. 오른쪽 그림처럼 말이야.

그럼 '걱정하는 생각'에는 어떤 것들이 있을까?

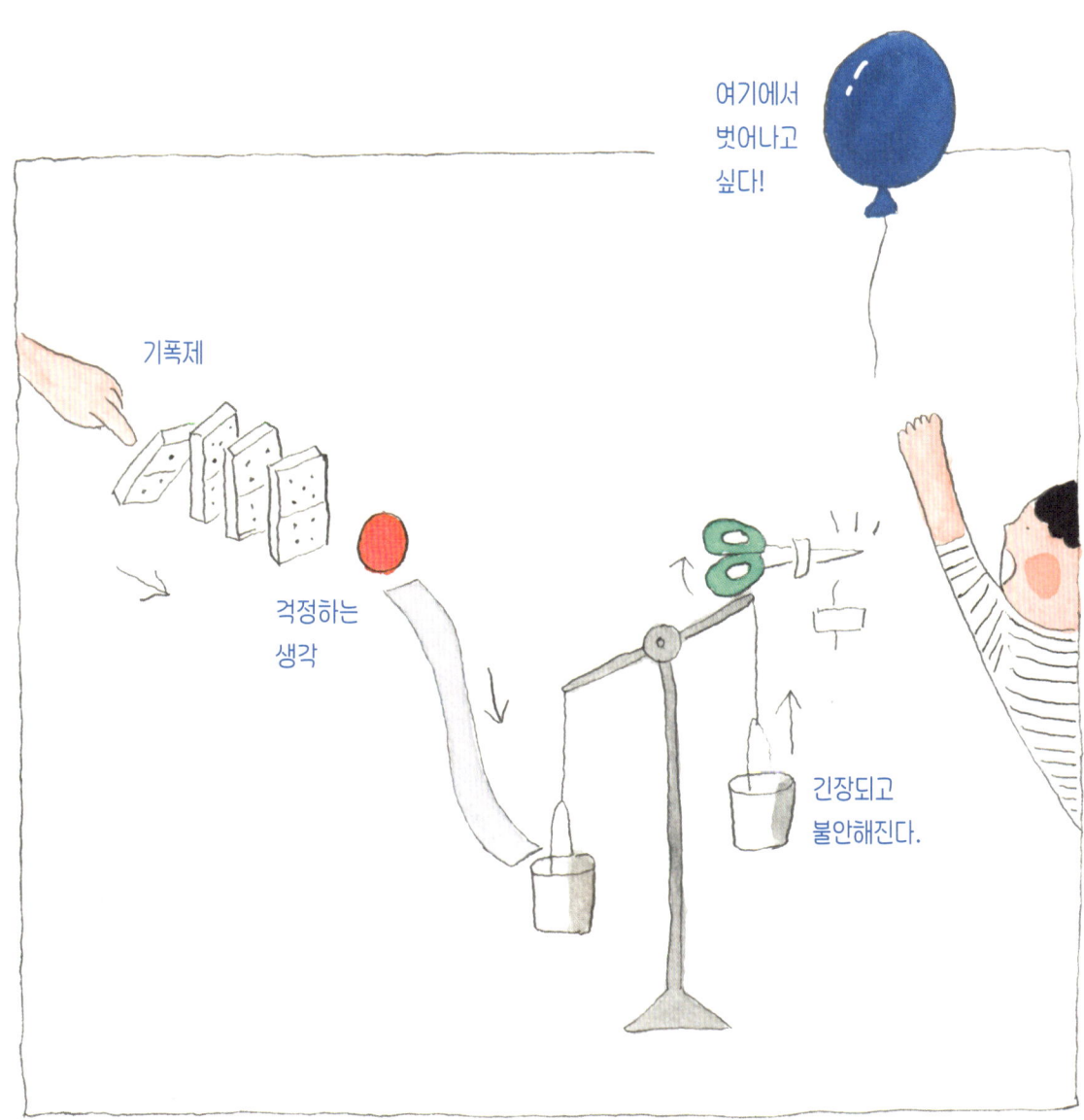

이런 것들이 '걱정하는 생각'이야.

계속 걱정을 하면 더욱 더 긴장되고 불안해져. 그때 어떤 일이 벌어질까?

아마 이렇게 될 거야.

- 말없이 조용히 있는다.
- 그 자리에서 벗어나려고 한다.
- 시선을 피한다.
- 기운이 없다.
- 아무리 재미있는 일이 있어도 하려고 하지 않는다.

그래, 불안해지면 당연히 그 상황에서 벗어나고 싶지. 하지만 불안함은 우리가 얻을 수 있는 많은 성취와 즐거움을 놓치게 만들어.

이건 너 혼자만 겪는 문제는 아니야. 누구나 그럴 수 있어. 아무리 활달해도 사람들의 주목을 받으면 불안해질 수 있어.

불안한 나머지 어떤 상황을 피하려고 할 때, 너만 그런 건 아니라는 사실을 기억하자. 왜 나만 이렇게 수줍음이 많고 사람들 앞에서 창피해할까 이러면 기분이 더 나빠지고 마음은 잔뜩 움츠러들 거야.

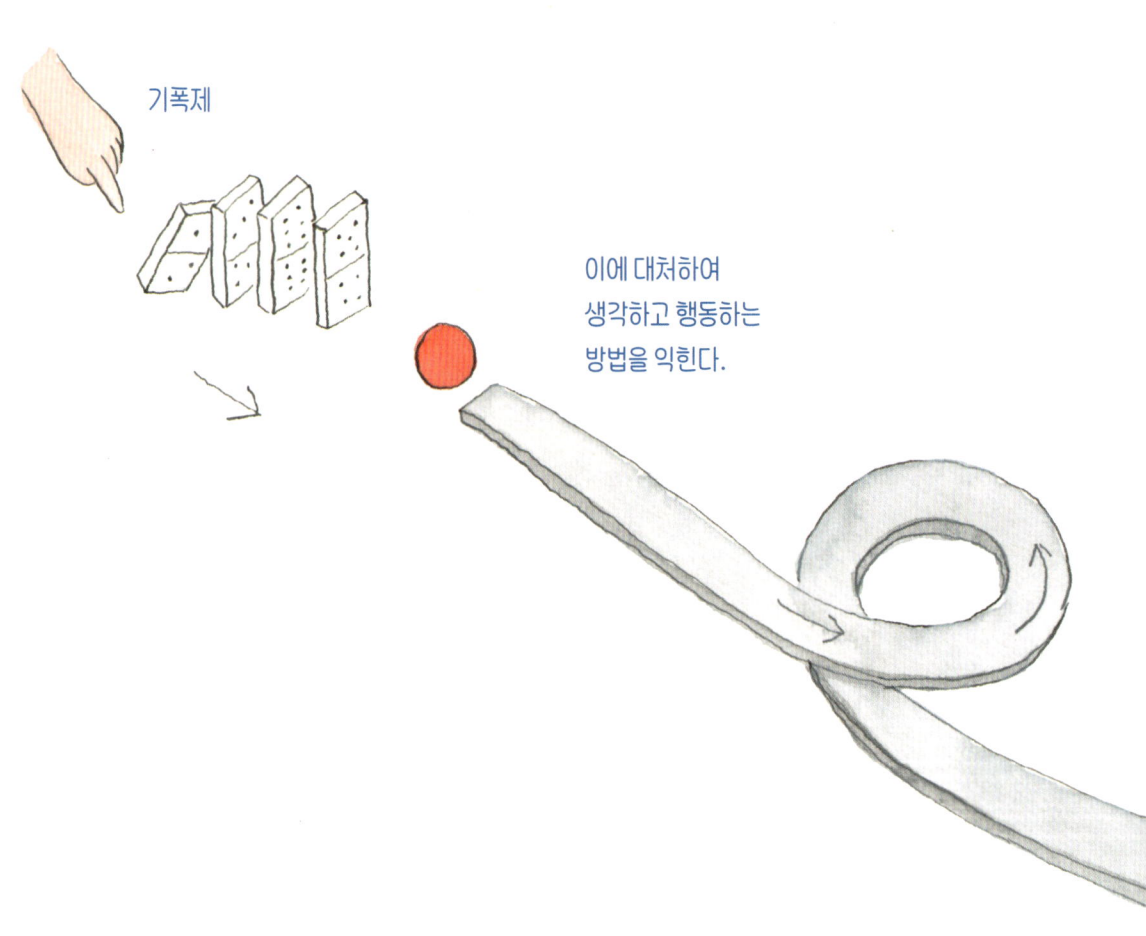

기폭제

이에 대처하여 생각하고 행동하는 방법을 익힌다.

좋은 소식이 있어! 우리를 도울 수 있는 방법이 있어. 실제로 많은 사람이 도움을 받고 이전보다 부끄러움을 덜 느끼게 되었어. 정말이야!

우리의 생각과 행동을 바꾸면 걱정이 불안함으로 이어지는 고리를 끊을 수 있어. 함께 마음 속의 사자를 길들여 보자!

성공!

불안함이 줄어든다.

3장

저글링을 잘하려면

생각 바꾸기의 힘

사람들 앞에서 공연을 할 정도라면 이미 충분한 기술과 전략을 갖고 있을 거야. 저글링을 하는 사람은 공이나 봉을 자유자재로 던지고 받을 수 있는 자신만의 기술을 가지고 있어. 그런데 속으로 이런 생각을 한다고 쳐 보자.

'내가 공을 다 받을 수 있을까? 아무래도 못 할 것 같아. 분명 공을 떨어뜨릴 거고, 관객들은 모두 나를 보고 웃을 거야!'

우리는 이제 알 수 있어. 바로 이런 게 '걱정하는 생각'이야. 걱정은 우리를 불안하게 만들어. 이 불쌍한 사람은 너무나 불안해져서 공연을 포기하고는 저글링을 하지 않으려고 도망쳐 버릴지도 몰라.

하지만 만약 이 사람이 생각을 바꾼다면 어떨까? 걱정을 하는 대신에 자기 자신에게 이렇게 말하는 거야.

'나는 할 수 있어. 서커스를 보러 온 사람들이 나를 보고 모두 즐거워할 거야. 실수로 공을 떨어뜨릴 수도 있지만, 그래도 사람들은 재미있어 할 거야.'

어때, 이런 생각을 하면 힘이 날 것 같지 않니? 정말 간단해. 생각을 바꾸는 것만으로도 이 사람은 용기를 내서 공연을 하러 나갈 수 있어. 이런 생각을 '자신감 있는 생각'이라고 부를게.

'걱정하는 생각'을 하고 있을 때 어떻게 알아차릴 수 있을까? '자신감 있는 생각'으로 '걱정하는 생각'을 물리치려면 어떻게 해야 할까?

먼저 걱정하는 생각에 대해서 좀 더 자세하게 살펴보자. 우리를 불안하게 만드는 '걱정하는 생각'의 예시를 오른쪽에 몇 개 모아 보았어. 공통적인 특징이 뭘까? 이런 생각들은 모두 부정적인 메시지를 담고 있어. 안 된다고, 할 수 없다고, 나쁘다고 단정해 버리는 걸 '부정적'이라고 해. 부정적인 생각을 하면 자연스럽게 불안함을 느끼게 돼.

걱정하는 생각은 다시 세 가지 다른 종류로 나눌 수 있어. 다음 세 사람의 이야기를 들어 보자.

지영이는 급식 시간마다 괴로워. 친구들이 자기가 먹는 모습을 지켜본다고 생각하거든. 입에 음식을 넣고 말할 때 보기 흉할까 봐 너무 걱정이 되어서 나중에는 아예 말을 안 하고 조용히 먹기만 하게 되었어.

지영이는 사람들이 자신을 주목하고 있다고 생각해. 사실은 그렇지 않은데도 다른 사람들이 자신을 유심히 바라보고 신경 쓰고 있다고 생각하는 거야.

반 대항 축구 시합에 나간 태호는 경기 초반에 그만 공을 놓치고 말았어. 친구들을 포함한 관중들이 자신을 형편없는 선수라고 생각할 것 같았어. 시합이 끝날 때까지 내내 그런 생각을 하느라 경기에 집중하기가 어려웠어.

태호는 자신이 다른 사람의 생각이나 마음을 읽을 수 있다고 믿고 있어. 다른 사람의 생각을 자신이 다 안다고 지레짐작하는 거야.

인규는 제비뽑기로 반 대표가 되어서 학생 회의에 참여하게 되었어. 하지만 그런 역할은 맡고 싶지 않았어. 자신이 그 일을 잘할 수 있을 만큼 능력 있다고 생각하지 않아서야. 좋은 아이디어도 별로 없고 회의가 끝난 뒤 반 친구들에게 회의 내용을 잘 전달할 수 있을지도 걱정이 되었어.

인규는 자신이 모두를 실망시킬 거라고 생각하고 있어. 자기 자신이 어떤 일을 잘 해내지 못할 거라고 의심하는 거야.

'누가 날 볼 거라는 생각', '지레짐작하는 생각', '자신을 의심하는 생각'은 불안함을 부채질해서 더 강해지게 만들어. 하지만 그 어떤 것도 합리적이지 않을 뿐더러 문제를 해결하는 데에 아무런 도움이 되지 않아.

우리는 이런 생각들을 하는 대신에 '자신감 있는 생각'을 하겠다고 '선택'할 수 있어. '자신감 있는 생각'으로 합리적이지 않은 생각에 도전하면 불안함을 줄이는 데에 도움이 돼.

앞에 나온 세 사람을 우리가 도와줄 수 있을까? 어떻게 하면 이들이 자신감 있는 생각을 해서 합리적이지 않은 생각에 도전할 수 있을까?

지영이는 이렇게 한번 생각해 보기로 했어.

'사람들은 내가 먹는 모습이 아니라 말하는 내용에 집중할 거야.'

간단하지만 이런 생각은 실제로 지영이를 도울 수 있어.

또 어떤 생각을 하면 지영이가 '누가 날 볼 거라는 생각'을 덜 할 수 있을까?

태호는 이렇게 생각을 바꿔 보기로 했어.

'시합을 보는 관중은 나만 바라보지 않아. 시합 전체를 보고 있어.'

또 어떤 생각을 하면 태호가 '지레짐작하는 생각'에서 벗어날 수 있을까?

인규는 '자신을 의심하는 생각'이 들 때 자기 자신에게 이렇게 말했어.

'누구나 한 번씩은 일을 망치기도 해. 나도 그런 적이 있어. 하지만 나는 대체로 맡은 일을 잘 해냈던 것 같아. 그러니 이번에도 잘할 수 있을 거야.'

또 어떤 생각이 인호를 도울 수 있을까?

이제 미로 찾기를 하려고 해. 저글러가 공을 잃어 버렸거든. 공을 찾을 수 있도록 도와주자. '누가 날 볼 거라는 생각', '지레 짐작하는 생각', '자신을 의심하는 생각'이 방해하지 않는 길을 잘 찾아봐.

어떤 상황이 너를 당황하게 만들고 불안해지면 네가 어떤 생각을 하고 있는지 살펴보자. '걱정하는 생각'을 하고 있다면 '자신감 있는 생각'으로 바꿔 봐. '자신감 있는 생각'을 하면 불안함이 줄어들어. 정말이야. 불안함이 조금 사라지면 사람들의 주목을 받는 일도 조금은 쉬워질 거야.

너를 불안하게 만드는 그 어떤 일도 생각을 바꾸는 연습을 계속하면 점점 더 쉬워져. 너를 바라보는 많은 사람 앞에서도 얼마든지 마음껏 저글링을 할 수 있어!

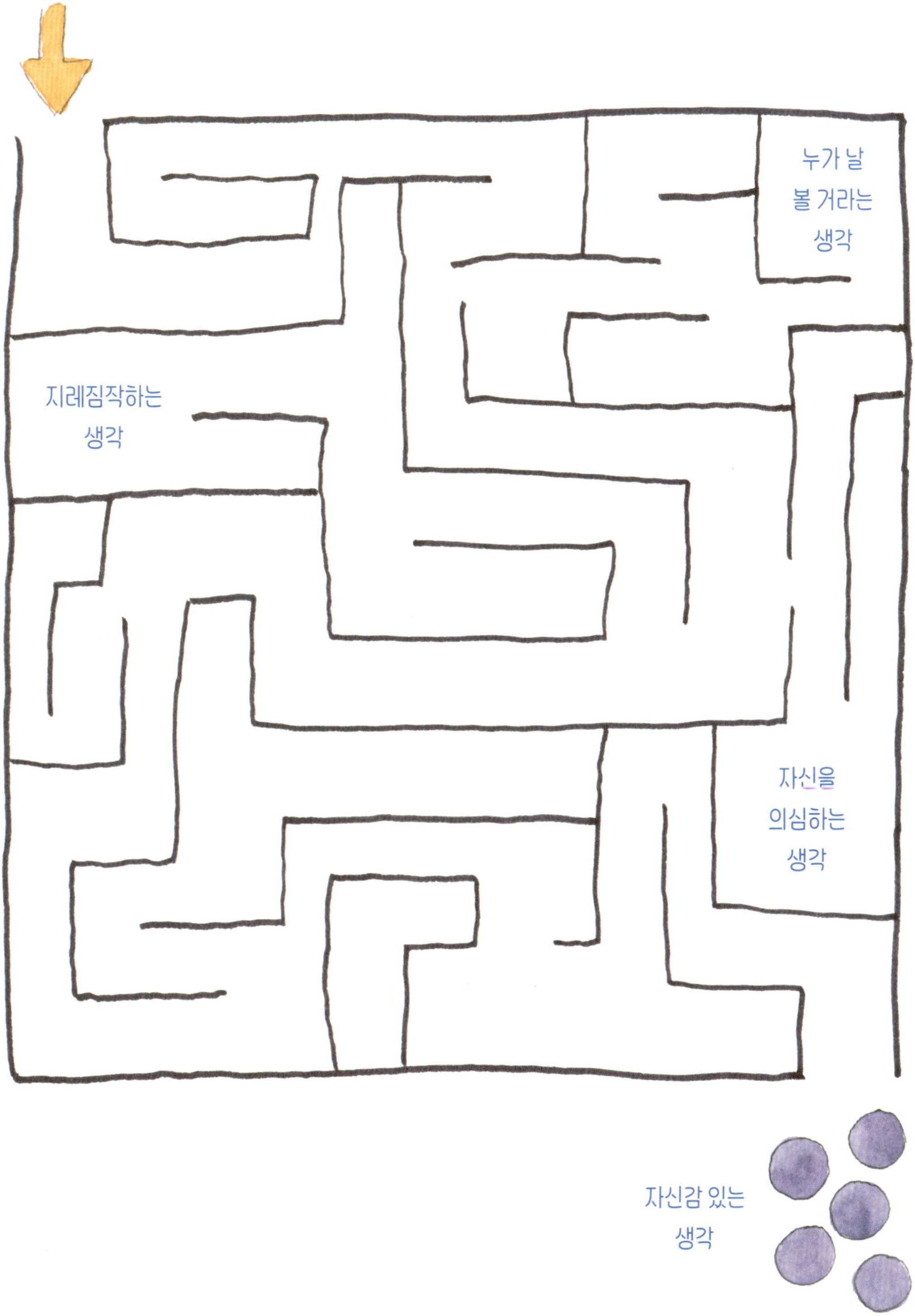

누가 날
볼 거라는
생각

지레짐작하는
생각

자신을
의심하는
생각

자신감 있는
생각

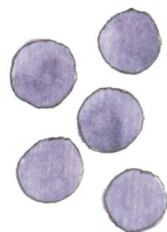

4장

훌쩍 훌쩍, 더 멀리

불안감을 이겨 내는 연습

서커스 무대에 서려면 큰 용기가 필요해. 줄타기 곡예사는 천장 가까이에 높이 걸려 있는 가느다란 줄에서 떨어질 위험을 감수해야 하고, 공중그네 곡예사는 앞뒤로 흔들리는 그네에 발이 매달린 채로 거꾸로 뒤집혀서 여러 번을 오가야 해.

이들도 처음부터 난이도가 높은 기술을 선보이지는 못했겠지. 처음에는 단순한 기술로 시작했을 거야. 어느 정도 실력이 늘고 나면 그다음은 공포심을 극복해야 했을 거고. 그렇게 자기 자신에게 도전해 가면서 점점 더 어려운 기술들을 익힌 끝에 마침내 무대에 서게 되었어.

불안감을 극복하는 일도 이런 과정을 거쳐야 해. 너를 불안하게 만드는 바로 그 일들을 미리 차근차근 연습하는 거야. 그러면서 불안함을 느끼는 상황에서 점차 편안해질 수 있어. 쉬운 것부터 시작하자. 곡예사가 그랬던 것처럼 말이야.

고은이는 파자마 파티에 초대를 받았어. 하지만 갈 수 없다고 했어. 다른 아이들은 모두 가기로 했나 봐. 그래서 좀 슬퍼졌어. 엄마가 눈치를 채시고는 가도 좋다고 허락해 주셨지만 이유는 그게 아니야. 고은이는 엄마가 허락을 안 해 주실까 봐 갈 수 없는 게 아니었어. 다른 집에서 하룻밤을 보내는 일이 너무 긴장되고 불안해서야. 걱정거리가 와르르 쏟아졌어.

'친구네 집에서 식사를 하면서 먹을 수 없는 메뉴가 나오면 어쩌지? 그 음식을 좋아하지 않는다고 말할 수는 없잖아. 친구들이 내 잠옷을 보고 놀리면 어쩌지? 정말 당황스럽고 창피할 것 같아. 친구들하고 이야기할 때 잘 모르는 내용이 나오면 어쩌지? 그러면 그 자리가 불편해질 텐데.'

낯선 집에서 자게 되면 무서울 수도 있는데 그런 상황을 떠올리기만 해도 눈앞이 캄캄해졌어. 어쩌면 너무 무서워져서 모두가 지켜보는 앞에서 울음을 터뜨릴지도 모른다는 생각까지 들었어.

고은이는 지나치게 많이 불안해하고 있어. 그런데 잘 보면 고은이가 두려워하는 일은 대부분 자신의 감정이나 마음, 그리고 자신에게 필요한 것을 다른 사람에게 말하는 일과 관련이 있어.

고은이는 고민 끝에 엄마의 도움을 받아 친구집에서 자고 오는 과정에서 겪을 만한 일들을 미리 연습해 보기도 했어. 자신을 불편하게 만드는 일이 구체적으로 어떤 것인지 생각해 보았지.

그리고 얼마 뒤 지희네 집에서 저녁 식사를 하게 되었어. 좋은 기회가 생긴 거야. 고은이는 엄마와 차근차근 준비했어. 우선 엄마는 지희네에 전화해서 가능하면 누구나 좋아할 만한 평범한 음식을 준비해 주십사 부탁을 드렸어. 그러고 나서 혹시라도 먹지 못하는 음식이 나왔을 때는 어떻게 정중하게 말씀드려야 할지를 고은이와 함께 이야기했어.

지희네 집에서 식사를 하기로 한 날이 되자 역시나 좀 긴장이 되었어. 엄마가 고은이를 데려다주고 가신 뒤에는 더 많이 긴장되었지. 식사 준비가 다 될 때까지 고은이는 잠시도 마음이 놓이지 않았어.

마침내 식사 시간이 되었어. 그런데……. 식탁 앞에 앉는 순간, 밥에 완두콩이 들어 있는 걸 알게 되었어. 콩을 잘 먹는 아이들도 있지만, 고은이는 그렇지 않아. 사실 콩을 정말 싫어해. 갑자기 배가 아파 오는 것 같았어. 긴장해서 손에 땀도 났어. 하지만 연습한 대로 또박또박 차분하게 말씀드리기로 했어.

"죄송해요, 아주머니. 제가 콩을 잘 먹지 못하는데, 조금 남겨도 될까요?"

다행히도 아주머니께서는 괜찮다고 말씀해 주셨어. 고은이는 마음이 한결 편안해져서 식사를 잘 마칠 수 있었지.

엄마가 다시 데리러 왔을 때 고은이는 신이 나서 지희네 집에서 있었던 일들을 이야기했어. 특히 식사 자리에서 있었던 일 말이야. 엄마는 잘했다며 칭찬해 주셨어.

아마 다음에도 비슷한 상황에 놓이면 여전히 많이 긴장될 거야. 하지만 식사할 때 먹지 못하는 음식이 나오면 어떻게 말씀드려야 할지를 알게 되어서 조금은 덜 두려워졌어.

이 경험이 고은이가 파자마 파티에 가는 데에 도움이 될까? 왜 다음에는 덜 두려울까? 두려운 일을 미리 연습하면 어떤 도움이 될까?

우리가 불안함을 느낄 때 우리 몸이 어떻게 반응하니? 손에 땀이 나고 얼굴이 붉어지기도 해. 하지만 불안한 상황에 여러 번 반복해서 노출되면 우리는 이런 반응에 점점 익숙해져. 어느새 몸의 반응이 점점 사라지고 진정되는 순간이 찾아올 거야. 결국 우리 몸은 두려울

때처럼 신호 보내는 일을 멈추게 돼. 그러면 다음에 비슷한 상황에 놓이더라도 우리 몸이 반응하지 않아.

어떤 일들이 너를 당황스럽게 만드니? 어떨 때는 낯선 사람에게 말을 건네야 할 수도 있지. 잘 모르는 사람이나 처음 보는 사람 앞에서 뭔가를 해야 하는 상황일 수도 있어. 하기 싫은 말을 해야 하거나 뭔가 부탁을 해야 하는 경우도 있을 수 있어.

다음에 나오는 다른 친구의 경우를 참고해서 너를 긴장하게 만드는 일의 목록을 만들어 보자.

여러 번 했더니 긴장이 좀 풀렸어.

친구의 경우

- 친구에게 함께 놀러 가자고 말할 때

- 친구네 집에서 잠을 자야 할 때

- 어른의 도움 없이 물건을 사야 할 때

- 마트에서 점원에게 물건을 찾아 달라고 부탁해야 할 때

- 음식을 주문할 때

- 도서관에서 화장실이 어디냐고 물어보아야 할 때

- 과제에 대해 선생님께 다시 여쭤봐야 할 때

- 전화로 음식을 주문해야 할 때

- 운동장에서 친구들에게 함께 놀자고 말할 때

나를 당황스럽게 만드는 일들

-

-

-

-

-

-

-

-

-

목록을 다 작성했다면 가장 쉬운 것부터 가장 어려운 것까지 순위를 매겨 보자.

이제 해야 할 일은 가장 쉬운 것부터 한번 시도해 보는 거야. 마치 사다리를 한 칸씩 올라가는 일하고 같아. 이때 가장 어려운 일은 첫걸음을 떼는 거야. 사실은 가장 쉬운 일이지만, 언제나 처음이 가장 어려운 법이거든.

사다리를 한 칸 한 칸 올라가다 보면 다음 칸으로 올라가기가 더 쉬워져. 생각했던 것만큼 그렇게 어렵지 않게 느껴질 거야. 이쯤 되면 한 칸 한 칸이 아니라 한 번에 여러 칸을 껑충 뛰어올라도 괜찮아. 계속 긴장되고 불안하다면 언제라도 원하는 칸을 여러 번 반복해서 밟아도 좋아.

너를 불안하게 하는 일을 할 때 느껴졌던 몸의 불편한 반응도 그 상황에 익숙해지면 조금씩 사라져. 그러면 첫걸음을 내딛는 일도, 계속해서 앞으로 나아가는 일도 얼마든지 할 수 있어. 곧 사다리 끝까지 올라서 네가 원하는 삶을 향해 훌쩍 날아오를 거야!

5장

거울의 방에서

....

사람들과 대화하는 연습

....

'거울의 방'에 들어가 보았니? 놀이공원 같은 곳에 가면 간혹 볼 수 있는데, 여러 종류의 거울로 가득한 방을 말해.

이 방에 들어가면 거울에 비친 다양한 자기 자신의 모습을 볼 수 있어. 어떤 거울 앞에서는 키가 훌쩍 커 보이고, 어떤 거울에서는 옆으로 퍼져서 짧아 보여. 또 어떤 거울에 비치면 위아래가 뒤바뀐 모습으로 보이고, 어떤 거울 속에서는 만화나 영화에 나오는 괴물처럼 입이 무지하게 큰 이상한 모습이야. 흥미롭지 않니? 자신의 모습이 이처럼 다양한 방식으로 보인다니 말이야.

하지만 각 거울에 비친 모습이 다를지라도 거울 앞에 서 있는 건 사실 단 한 사람이야. 모두 똑같은 사람이지. 바로 우리 자신 말이야.

이렇게 한번 생각해 보자. 우리가 다른 사람들과 함께 있는 모습은 '거울의 방'에 들어갔을 때와 같아. 다양한 거울에 비친 모습이 다 다르듯이, 다양한 사람과 함께하는 우리 모습은 저마다 다를 수 있어. 하지만 그렇다고 해서 우리가 다른 사람이 되지는 않아. 어떤 순간에도 우리는 우리 자신이야.

가끔은 너무 부끄러워서 꼭 마주쳐야 하는 상황을 피하기도 해. 해야 할 일을 미루고 그저 불안하기만 할 수도 있어. 하지만 항상 그렇지는 않잖아. 그렇지 않을 때도 있을 거야. 중요한 건, 어떤 순간에 어떤 모습이어도 너는 너 자신이야.

우리는 다른 사람과 함께하면서 도무지 어떻게 행동해야 할지 잘 모를 때가 있어. 그리고 어떤 사람하고 있을 때는 마음이 놓이고 편안하지만, 어떤 사람하고 있을 때는 그렇지 않아.

편안하게 느끼는 사람과 있을 때는 서로 대화를 나누면서 잘 웃고, 그 사람을 편안하게 바라볼 거야. 상대방이 말하는 내용에 관심도 보이겠지. 아마 상냥하고 친근하게 행동할 거야.

하지만 편안하지 않은 사람하고 같이 있다고 생각해 봐. 편안한 사람하고 있을 때처럼 친근하게 행동하기는 어려울 것 같지 않니? 하지만 이게 바로 거울의 속임수야! 누구와 있어도 너의 내면은 여전히 같은 사람이니까.

부끄럽거나 불안하거나, 그래서 불편한 느낌이 들어도 얼마든지 호감 가는 말과 행동을 할 수 있어. 사람들에게 편안하고 다정하게 다가가는 방법을 익혀 보자. 충분히 연습해 두었다가 잘 활용해 보자.

첫 번째 단계는 인사를 하는 거야. 인사는 무척 중요해.
인사할 때는 이렇게 하자.

- 삐딱하지 않게 바르게 선다.
- 상대방을 편안하게 바라본다.
- 미소를 짓는다.
- 부드럽게 말을 건넨다.

인사를 했다면 두 번째 단계는 편안하게 이야기를 나누는 거야.
다른 사람과의 대화는 이런 말로 시작해 볼 수 있어. 어렵지 않아.

 "안녕! 주말은 잘 보냈니?"

어때, 간단하지? 상대방이 쉽게 답할 수 있는 질문을 던지면 돼.
다른 사람과 편안하게 대화를 나누려면 또 어떤 말로 시작하면 좋을까? 한번 적어 봐.

대화를 시작했다면 다음 내용을 참고하자. 대화가 매끄럽게 이어지도록 도와줄 거야.

말을 주고받는다.

어떤 사람들은 혼자만 너무 말을 많이 해. 대화라는 건 말을 하기도 하고 듣기도 하는 거야. 일방적으로 말을 많이 하는 것도, 듣기만 하는 것도 좋지 않아.

대화의 주제에 적절히 반응한다.

다른 사람이 말한 내용을 듣고 그에 대한 생각을 말하는 대신에, 갑자기 주제를 바꾸는 사람이 있어. 자기 마음속에 있는 주제를 갑자기 꺼내서 말하기 시작하는 거야. 대화하는 내내 똑같은 주제로 이야기를 계속할 필요는 없어. 하지만 자신이 상대방의 말을 잘 듣고 있다는 사실을 표현하려면 앞서 상대방이 말한 내용에 적절하게 답하고 반응해야 해.

적당한 타이밍에 질문을 던진다.

질문 또한 상대방의 이야기에 관심을 표현하는 일이야. 하지만 뭐든 적당히가 좋아. 너무 꼬치꼬치 캐묻지는 말아야겠지?

정원이와 혜수의 이야기를 해 볼게. 정원이는 다른 사람에게 말할 때 별로 긴장하지 않아. 불안감을 느끼지도 않지. 하지만 혜수는 그렇지 않아. 다른 사람과 말할 때 긴장도 되고 불안함도 느끼는 편이야.

어느 날 아침에 정원이가 반갑게 혜수에게 말을 건넸어.

"어제 텔레비전에서 그거 봤니? 진짜 재미있었는데."

혜수는 순간 긴장이 되어서 자기도 모르게 시선을 아래로 하고는 짧게 대답했어.

"아니."

정원이는 다시 말을 건넸어.

"아쉽다. 너도 봤으면 정말 재미있었을 거야."

혜수는 무슨 말을 해야 할지 몰랐어. 결국 아무 말도 하지 못했지. 정원이는 더는 혜수에게 말을 걸지 않고, 다른 사람에게로 가 버렸어.

혜수도 분명 정원이와 즐겁게 대화하고 싶었을 거야. 혜수를 도울 수 있는 방법이 있을까? 정원이가 "어제 텔레비전에서 그거 봤니?"라고 말을 건넸을 때 혜수가 어떻게 반응하면 좋았을까? 너라면 어떻게 했을지 오른쪽에 적어 보자.

친구의 말에 다정하게 답하기

슬기의 이야기도 해 볼게. 멀리 사시는 슬기의 할아버지, 할머니께서 슬기네 집을 방문하셨어. 방금 도착하셨는데, 슬기는 쑥스럽기도 하고 긴장이 되었어. 어떻게 인사를 드리고 이야기를 시작해야 할지 잘 생각이 안 났어.

친한 친구를 돕는다고 생각하고 슬기를 도와주자. 슬기가 할아버지, 할머니께 다정하고도 예의 바르게 인사를 건네려면 어떻게 해야 할까?

두 분께 어떤 질문을 던지고 어떤 말씀을 드려서 대화를 시작하면 좋을까?

긴장감이 바로 사라지지는 않겠지만 슬기가 친절하고 예의 바르게 두 분을 대할 때 두 분 또한 슬기에게 다정한 모습을 보이시겠지. 슬기가 좀 더 편안해지도록 배려해 주실 거야.

많이 웃을수록 진짜로 더 많이 행복해진다는 사실을 알고 있니? 연구를 통해서 밝혀진 사실이야. 우리는 행복을 느낄 때 웃지만, 반대로 웃을 때 행복을 느끼기도 해.

수줍더라도 다른 사람에게 친근하게 말을 건네며 다정하게 대화하는 연습을 해 보자. 우리가 호감을 보이는 만큼 다른 사람들도 우리를 친절하고 다정하게 대할 거야. 그러면 우리도 사람들을 더욱 편안하게 대할 수 있게 되니 모두에게 좋은 일이겠지?

6장

서커스 단장이 하는 일

원하는 걸 소리 내어 말하는 연습

이번에 등장한 사람은 서커스 단장이야. 무대가 바뀔 때마다 서커스 단장이 나와서 어떤 쇼가 벌어질지, 그 쇼에 누가 등장할지를 소개해. 단장은 쇼를 이끄는 사회자이자, 서커스를 대표하는 대변인이야. 이런 역할을 맡으려면 어떤 재능이 필요할까? 다른 사람의 시선을 지나치게 신경 쓰기보다는 또박또박 하고 싶은 말을 잘할 수 있어야 하지 않을까?

사실 우리 모두에게는 이런 사람이 필요해. 우리 자신을 위해서 목소리를 내 줄 사람 말이야. '목소리로 낸다'는 게 무슨 뜻일까? 그건 누군가에게 우리가 원하는 것, 필요한 것을 예의 바르게, 하지만 분명하게 말로 표현하는 일이야.

살다 보면 제 목소리를 내야 하는 순간이 여러 번 찾아와. 네가 무엇을 원하고 무엇을 좋아하며 좋아하지 않는지를 다른 사람들에게 알려 줘야 할 때가 있거든. 물론 목소리를 낸다고 해서 항상 원하는 것을 얻을 수 있는 건 아니야. 하지만 분명한 건, 네가 용기를 내어 직접 말하지 않으면 원하는 걸 얻을 수 없어.

목소리를 내야 하는 상황이 어떤 것인지 다른 친구들의 경우를 살펴보자.

이루는 고민 중이야. 오늘 급식에 과일이 있는데, 바나나와 사과 중 하나를 먹을 수 있어. 이루는 바나나를 먹고 싶었어. 얼마 전에 사과를 먹고 체한 적이 있어서 오늘은 사과를 먹고 싶지 않아. 하지만 사과를 받고 말았어. 배식해 주시는 분께 이렇게 말씀드려도 될까?

"혹시 바나나로 바꿔 주실 수 있을까요?"

목소리를 낸다는 건 이런 거야. 원하는 게 무엇인지 표현하는 일이지.

또 다른 예를 한번 볼까? 다은이는 미끄럼틀을 좋아해. 놀이터에 가면 미끄럼틀부터 찾아. 오늘따라 미끄럼틀이 인기가 많은지 아이들이 앞에 줄을 서 있어서 다은이도 줄을 서서 기다렸어. 그런데 갑자기 한 아이가 자기 친구와 이야기하는 척하면서 슬쩍 앞으로 끼어들지 뭐야. 이럴 때도 목소리를 내서 이렇게 말할 수 있어.

"내 차례인데 네가 줄을 잘못 선 것 같아. 다른 아이들도 기다리고 있으니 뒤로 가서 줄을 서 줄래?"

하지만 이런 말을 꺼내기가 늘 쉽지는 않아. 불안해서야. 왜 불안할까? 무엇이 소리 내어 말하기를 어렵게 만드는 걸까?

가장 큰 이유는 상대방이 어떻게 반응할지가 걱정되기 때문이야. 아무리 골똘히 생각해도 네 말을 듣고 사람들이 어떻게 반응할지를 미리 알 수는 없어. 네 말을 들은 사람이 화를 내거나 너를 놀릴지도 모른다고 생각할 수도 있지. 그런 생각이 든다면 쉽사리 말이 나오지 않아.

하지만 기억하자. 누구나 소리를 내어 자기 생각을 표현할 권리가 있어. 그건 분명해. 다른 사람들의 반응이 네가 목소리를 낼지 말지를 결정하는 건 아니야. 다음 장에서 다른 사람들의 반응에 어떻게 대응해야 할지 요령을 알려 줄게. 지금은 일단 소리 내어 말하기를 어떻게 하는지부터 알아보자. 다음 세 가지를 잘 기억해야 해.

- 상대방에게 잘 들리게끔 적당한 크기로 말하기
- 똑바로 서서 말하기
- 예의 바르게 말하기

학교에서도 소리 내어 말해야 하는 상황이 많아. 앞에서 말한 새치기 같은 경우를 한 번쯤 경험해 보지 않았니? 너라면 그런 상황에서 어떻게 말을 꺼냈을까?

친구 집에 놀러 갔을 때에도 소리 내어 말하기를 해 볼 수 있는 기회가 많아. 만약 친구 부모님께서 네가 먹을 수 없는 음식을 간식으로 내 주신다면 어떨까? 이렇게 말씀드릴 수 있지.

"죄송하지만 제가 땅콩을 잘 먹지 못해서요. 다른 간식을 주시면 감사히 먹겠습니다."

앞에서 우리는 다른 사람에게 말을 건네는 연습을 해 보았어. 이제 더 다양한 상황에서 말하는 연습을 해 보자. 소리 내어 말하기를 미리 연습해 보는 거야.

뒷장에 소리 내어 말하기를 해 볼 수 있는 몇 가지 상황을 준비해 보았어. 이런 상황에서 뭐라고 말하면(말씀드리면) 좋을지 한번 생각해 보자.

상황 1 어떤 물건을 사용하고 있었어. 다 함께 사용하는 물건이야. 네가 아직 다 쓰지 않았는데 다른 친구가 빼앗아서 먼저 사용하려고 한다면 어떻게 말해야 할까?

상황 2 식당에 갔는데 옆 테이블의 사람들이 네가 앉으려는 자리에 물건을 놓았다면 어떻게 말해야 할까?

상황 3 영화관에 가서 예약해 둔 자리에 앉으려고 보니 그 자리에 이미 다른 사람들이 앉아 있다면 어떻게 말해야 할까?

상황 4 친구와 함께 놀기로 했어. 무엇을 하면 좋을지 고민인데 친구는 아무 의견도 내지 않아. 뭐라고 말해야 할까?

앞으로도 소리 내어 말하기가 꼭 필요한 순간들이 찾아올 거야. 그것도 꽤 자주 말이야. 정말 중요한 순간일 수도 있어.

우리는 다른 사람들을 통제할 수 없어. 다른 사람들이 어떻게 반응할지를 예측하거나 정할 수 없어. 하지만 우리 스스로 우리 자신의 대변인이 되어 필요한 게 무엇인지, 괜찮은 게 무엇이고, 괜찮지 않은 게 무엇인지를 다른 사람에게 분명히 말할 수 있어. 그건 우리가 할 수 있는 거야.

네가 너의 생각을 말로 표현해 주면 보통은 다른 사람들도 좋아해. 그래도 불안하거나 걱정이 앞서서 말을 꺼내는 게 어렵다면? 그럴 수도 있지만 괜찮아. 처음에는 어렵지만 자꾸만 하다 보면 익숙해지고 원하는 걸 말하기가 훨씬 수월해질 테니까.

7장

예상치 않은 일 앞에서

··

멈추고 생각하는 연습

··

서커스에서 공연하는 모든 사람은 무대에 올라가기 전에 오랫동안 쇼를 준비해. 알맞은 옷을 고르고, 소품을 점검하고, 동물들을 조련하지. 이렇게 준비하는데도 어쩔 때는 준비한 대로 쇼가 흘러가지 않아.

우리도 그럴 때가 있지. 서커스 무대에 서는 사람처럼 예상치 못한 상황에도 대처해야 해. 사람들 앞에서 말을 잘하려고 고민을 많이 하고 연습도 했다고 쳐 봐. 하지만 사람들이 좋은 반응을 보이지 않는다면 실망스럽고 자신감을 잃을 거야. 더 잘하려는 의지도 꺾이겠지. 용기를 내서 친구에게 뭐가 함께하자고 제안했는데 친구의 대답이 '아니.'라면 정말 속상할 거야.

이런 상황에서는 누구나 마음이 상해. 당연히 그렇지. 하지만 네가 원하는 대로 일이 잘되지 않는다고 해서 지나치게 좌절하지는 말아야 해. 그게 중요해.

너를 불안하게 만드는 어떤 일을 하려고 준비하고 계획을 세울 때 생각과 달리 일이 잘못될 수도 있다는 걸 염두에 두자. 그리고 문제가 생겼을 때 어떻게 해야 할지 미리 충분히 시간을 들여서 생각해 보자.

흔히들 이런 걱정을 해. 너도 이런 적이 있지 않니?

어떤 일이 잘되지 않을 거라고 무작정 걱정하는 것과, 그렇기 때문에 미리 할 일을 계획하는 것은 차이가 있어. 걱정은 곧바로 불안함부터 불러일으키지만 어려운 일을 앞두고 어떻게 할지를 미리 생각하면 그 일을 다루는 좋은 방법들은 떠올릴 수 있어. 실제로 문제가 생겼을 때 그중에서 가장 좋은 대처 방법을 선택할 수 있지.

지훈이는 대희의 생일 파티에 친구들이 초대받은 사실을 알고는 마음이 상했어. 자신은 초대받지 못했기 때문이야. 하지만 마음이 상한 채로 가만히 있기보다는 어떻게 하면 좋을지를 차분히 한번 생각해 보기로 했어. 그리고 그 생각대로 했을 때 어떻게 될지, 그때 마음이 어떨지도 상상해 보았어.

아무 말도 하지 않고 넘어가는 것도 방법 중 하나야. 하지만 그러면 아무래도 오래 속이 상할 것 같았어. 그래서 지훈이는 날을 정해서 대희나 다른 친구들에게 집에서 함께 게임을 하자고 초대하려고 해. 그게 가장 좋은 선택인 것 같아.

다른 사람들이 내 마음에 들지 않는 일을 하면 마음이 아프고, 화가 나고, 당황스럽고, 좌절감이 들어. 이런 감정들이 매우 강렬하게 느껴져서 어떻게 해야 할지 모를 수도 있어. 이런 일이 벌어졌을 때 가장 좋은 건 일단 잠깐 모든 걸 멈추는 거야. 그러고 나서 지훈이가 한 것처럼 어떤 방법들이 있는지 생각해 보는 거지. '중간 휴식 시간'을 갖는 거야. 서커스도 전반부가 끝나면 잠시 쉬고 후반부로 넘어가잖아. 그거랑 비슷해.

잠깐! 연습 시간

1. 한 아이가 학교에서 자꾸만 너를 '말라깽이'라고 놀릴 때 선택할 수 있는 방법은 :

    ① 그냥 무시한다.

    ② 기분 나쁘다고 말한다.

    ③ 웃어 버린다.

    ④ '뚱땡이'라고 되받아친다.

    ⑤ 또 다른 방법 :

2. 가장 친한 친구 두 명이 올해 생일 파티에 올 수 없다고 할 때 선택할 수 있는 방법은 :

    ① 왜 못 오는지 이유를 물어본다.

    ② 더는 두 친구와 친하게 지내지 않는다.

    ③ 파티를 취소한다.

    ④ 다른 친구 두 명을 초대한다.

    ⑤ 또 다른 방법 :

3. 선생님께 질문을 드릴 때는 불안하다. 그래도 용기를 내어 손을 들었는데, 선생님께서는 나를 못 보신 것 같다. 이럴 때 선택할 수 있는 방법은 :

① 포기하고 다음에 다시 질문을 드린다.
② 더 큰 목소리로 "선생님, 저 질문이 있어요."라고 한다.
③ 눈에 띄도록 껑충껑충 뛰면서 "선생님! 선생님!" 하고 부른다.
④ 아빠에게 가서 말씀드린다.
⑤ 또 다른 방법 :

4. 급식 시간에 물을 마시고 있었는데 누군가 뒤에서 부딪혀서 물이 쏟아지고 말았다. 이럴 때 선택할 수 있는 방법은 :

① "조심해! 너 때문에 옷이 젖었잖이!"라고 말한다.
② 선생님께 가서 애들이 밀었다고 고자질한다.
③ 아무 말도 하지 않고 그냥 간다.
④ 부딪힌 아이들에게 물을 뿌린다.
⑤ 또 다른 방법 :

어떤 방법을 택했니? 정답은 없어. 그래도 차분히 잘 생각하면 네게 맞는 가장 좋은 방법을 찾을 수 있을 거야.

각 방법대로 했을 때 어떤 상황이 벌어질 수 있는지도 꼭 생각해 보자.

앞에서 본 지훈이의 경우를 다시 떠올려 보면 지훈이가 정말로 바란 건 대희나 다른 친구들과 잘 지내는 일이었어. 그렇다면 화를 내거나 아무 말도 하지 않는 건 별 도움이 되지 않아. 그래서 그 대신에 친구들과 할 수 있는 재미있는 일을 떠올리고 친구들을 초대하는 방법을 택했지.

중간 휴식 시간은 중요해. 이 시간을 잘 활용할수록 불안한 감정을 잘 다스릴 수 있거든. 예상하지 못했던 일, 화가 나고 마음이 상하는 경험을 했다면 잠시 숨을 고르고 어떻게 대처할지 생각해 보는 시간을 갖자.

8장

편히 앉아 그저 즐기기

긴장과 스트레스를 내려놓는 연습

　우리가 서커스를 즐겁게 보는 동안에도 줄타기 곡예사는 온 신경을 집중해서 조심스럽게 줄 위를 오가고 있어. 줄타기 곡예사뿐 아니라 모든 출연자가 각자 자신이 맡은 무대를 위하여 최선을 다하고 있을 거야.
　걱정이 꼬리에 꼬리를 물 때, 불안감을 딛고 어떤 일을 해내려고 애쓸 때, 용기를 내어 사람들과 잘 지내기 위한 일들을 실천할 때, 우리는 모두 서커스 무대에 오른 사람과 같아. 말이나 행동에 집중하려고 최선을 다할 때 우리 몸은 스트레스 모드에 들어가는데, 이건 나쁜 스트레스가 아니야. 우리가 목표한 바를 달성하게 도와주는 좋은 스트레스야.

곡예사의 근육은 탄탄하게 단련되어 있어. 그래서 가느다란 줄 위에서 왔다 갔다 하는 동안에도 기우뚱하거나 아래로 떨어지지 않아. 곡예사는 매 순간 긴장을 풀지 않고 호흡에 주의해야 무사히 쇼를 마칠 수 있어.

하지만 이런 일은 무대에 설 때뿐이야. 항상 이렇게 긴장 속에서 살 수 있는 사람은 없어. 곡예사도 몸과 마음의 휴식이 필요해. 스트레스에서 잠시라도 벗어나는 거야. 우리도 그래. 우리에게도 긴장과 스트레스에서 벗어나 편히 쉴 수 있는 시간이 꼭 필요해.

휴식을 취하는 방법은 여러 가지야. 활동적일 수도 창의적일 수도 있고, 온전히 혼자일 수도 다른 사람들과 함께일 수도 있지. 열기를 가라앉히고 기분을 풀 수 있는 다양한 방법이 있어.

복잡한 생각을 내려놓고 긴장을 풀기 위해서 어떤 일을 하면 좋을까? 뒷장에 다른 친구들의 예시가 나와 있어. 예시를 참고하여 휴식을 위해서 네가 하고 싶은 일이 무엇인지 빈칸을 채워 보자.

운동

- 자전거 타기
- 수영
- 줄넘기
- _____
- _____

창작

- 그리기
- 점토 작업
- 블록 쌓기
- _____
- _____

연결과 소통

- 친구와 만나서 놀기
- 엄마나 아빠와 카드 놀이하기
- 누군가와 화상 통화하기
- _____
- _____

느긋한 시간

- 독서
- 목욕
- 음악 감상
- _____
- _____

충분히 쉬고 마음을 가라앉히려면 어떤 일을 해야 할지 찾았니? 앞으로는 이런 일들을 하면서 불안한 상황에서 받은 스트레스를 해소하고 몸과 마음을 회복하는 시간을 가져 보자.

만약 스트레스를 주는 상황을 앞두고 있다면 '나 자신과 대화하기'를 추천할게. 줄타기 곡예사가 자기 자신에게 이렇게 말한다고 상상해 보자.

"오늘 아마 줄에서 떨어지겠지?"

세상에, 아니길 바라자! 그보다는 이런 말을 할 거야.

"지금까지 열심히 연습을 해 왔는걸. 어떻게 해야 하는지 충분히 잘 알고 있어."

우리도 이런 말을 자신에게 들려줄 수 있어. 소리 내어 말하기를 할 때나 사람들에게 다가갈 때 나 자신에게 무슨 말을 해 주어야 할까? 스스로를 북돋워 주는 말을 해야겠지? 거울 앞에 서서 자기 자신을 바라보자. 그리고 힘을 주는 말을 해 주자.

하나 기억해야 할 건, 너 자신을 칭찬하고 용기를 주는 말을 할 때 너무 엉뚱하거나 억지로 지어낸 말을 해서는 안 된다는 거야. 진짜 너 자신과 가장 잘 어울리는 말을 해 주자. 그러려면 너 자신에 대해서 한번 생각해 보는 시간을 갖는 것도 좋을 것 같아.

너를 정말 쉽게 할 수 있는 일을 찾는 것, 너 자신에게 용기를 주는 말을 건네는 것. 이런 일들은 스트레스를 줄여 줄 뿐 아니라, 네가 진짜로 해내고 싶은 목표를 찾도록 도와줘.

시간이 지나 어느 시점에 이르면 마침내 편안하게 앉아서 마음을 내려놓고 삶을 즐길 수 있게 될 거야!

나의 좋은 점, 칭찬해 주고 싶은 점,
나에 대한 모든 것

9장

잘할 수 있을 때까지

나 자신에게 친절하기

누구나 가끔은 불안감을 느끼곤 해. 하지만 불안하다고 해서 우리가 해야 할 일, 하고 싶은 일을 못하거나 다른 사람들과 함께하는 것을 방해하도록 그냥 두지는 말자. 우리는 불안감을 길들일 수 있어. '걱정하는 생각' 대신에 '자신감 있는 생각'을 하고, 떨리더라도 평정심을 유지하려고 노력한다면 말이야. 실제로 벌어지지 않은 일로 걱정하는 대신에 스스로를 북돋워 주는 생각을 하면서 점점 더 너 자신에 대해서 좋은 감정을 느껴 보자.

이 책에서 배운 방법들을 더 잘 해내기 위해서 꾸준히 연습하고 실천해 봐. 서커스 무대에 오른 사람들처럼 말이야. 사람들과 잘 지내거나 네가 원하는 것을 예의 바르게 말하는 일에도 연습이 필요하다는 사실을 잊지 마.

실망스런 일이 벌어지더라도 어떤 선택을 할 수 있는지 생각하는 시간을 꼭 갖도록 하자. 휴식을 취하고 마음을 가라앉히는 시간이 필요하다고 느낀다면 그렇게 해도 좋아.

잘할 수 있게 되기까지는 시간이 걸리겠지만, 그때까지 너 자신에게 인내심을 가지고 친절하게 대하는 것도 잊지 말자. 할 수 있어!

부록

학부모와 교사에게 드리는 글

　　육아의 즐거움 가운데 하나는 아이가 하나의 독립된 인격체로서 부모와 분리되어 자신만의 고유한 성격과 스타일을 가진 사람으로 자라나는 것을 보는 일입니다. 여러분의 자녀는 더 이상 자잘한 일들을 당신에게 의존하지 않고 자신의 두 발로 단단하게 땅을 딛고 세상을 향해 나아갑니다. 하지만 아이가 유난히 사회 생활에 대한 불안감이 크다면 어떻게 해야 할까요? 자신의 의견을 주장하는 일에 자신이 없거나 다른 사람들과 어울려 지내는 데에 어려움이 있다면요? 자녀가 친구들의 생일 파티에 참석하기를 거부하거나 다른 아이들이 아무렇지도 않게 망설이지 않고 참여하는 활동을 하지 않으려는 모습을 보는 것을 괴로운 일입니다.

　　모든 아이 혹은 모든 인간이 상황에 따라서 부끄러운 감정을 경험합니다. 하지만 어떤 아이들은 더 자주 다른 사람의 시선을 의식하고 자신의 의견이나 감정을 말로 표현하는 일에 서툽니다. 그들은 창피를 당하는 일이나 거절당하는 일을 과대평가하고 민감하게 반응합니다. 그 결과 실제로 고통을 겪습니다. 특정한 사회적 상황에서 그들의 두뇌와 신체는 경고음을 보냅니다.

이런 아이들을 그저 수줍음이 많다고 분류하기 쉽지만, 수줍음과 사회 불안증은 다르다는 사실을 인지하는 것은 중요합니다. 수줍음이 많은 아이 가운데 많은 수가 사회 불안증을 경험하지만, 또 그렇지 않은 경우도 많습니다. 반대로 사회 불안증을 겪는 아이들이라고 해서 반드시 수줍음이 많은 것도 아닙니다.

보통은 익숙하지 않은 사회적 상황에 경계심을 가지고 임하는 어린이, 다른 사람들에 의해 평가받는다는 것을 인지했을 때 그 시선을 지나치게 인식하는 어린이를 수줍음이 많다고 간주합니다. 어느 정도의 수줍음은 대부분의 어린이가 갖고 있습니다. 특별한 상황에서 적응하는 데에 시간이 걸릴 수 있지만, 충분히 대비를 한 뒤에 참여하면 됩니다. 하지만 사회 불안증이 있는 아이는 사회적으로 평가를 받는 상황에서 심각한 공포심과 당황스러움을 느낍니다. 그래서 크게 고통스러워하고 사람들과 함께하기를 피합니다.

그렇다면 사회 불안증은 어디에서 기인할까요? 이에 대한 명확

한 대답은 없습니다. 보통 여러 요인들이 합쳐진 것으로 봅니다. 생물학적으로 취약한 부분이 불안함을 일으킨다고 보기도 합니다. 역할 모델의 행동이나 문화적 차이, 다양한 생애 초기 경험이 원인이 된다고도 볼 수 있습니다. 하지만 원인이 무엇이든 사회 불안증을 가진 어린이도 훈련을 하고 기술을 익히면 자신감을 기르는 데에 도움을 받을 수 있습니다.

대화에 참여하거나 수업 시간에 질문에 대답하거나 식당에서 주문을 하거나 특별 활동에 참여하거나 여러 사람들과 공연을 하는 등 일상생활에서의 다양한 활동에 어려움을 겪는 건 그 자체로 스트레스입니다. 만약 여러분의 자녀가 지나친 수줍음이나 사회 불안증으로 어려움을 겪고 있다면 아이가 스포트라이트를 받는 상황에서 무엇을 느끼고 무슨 일이 일어나는지 너무나 잘 알고 있을 것입니다. 오한, 현기증, 떨림, 홍조 등을 겪으며 두려움을 느끼는 활동에 참여하기를 계속해서 거부하는 아이와 씨름도 해 봤을 것입니다. 아이가 애원하고 떼를 쓰고 짜증을 내는 일도 경험했을 것입니다. 때로는 아이가 차라리 벌을 받는 쪽을 택하겠다고 해서 곤혹스럽기도 했을 것입니다.

이런 일은 아이나 가족을 힘들게 하는 선에서 그치지 않고, 아이의 성장 발달에 기여하는 중요한 경험을 놓치게 만들 수도 있습니다.

사회적 자신감은 아이로 하여금 더 좋은 기분을 느끼게 할 뿐 아니라, 실제로도 유용합니다. 사회적으로 자신감이 있는 아이는 학교생활을 더 성공적으로 할 수 있습니다. 또래와 잘 어울리고, 도전하며 다른 사람들로부터 더 많은 지원을 받는 것은 물론입니다.

만약 여러분의 자녀가 사회적으로 자신감이 있는 편이 아니라면 이 책이 힘이 되어 줄 수 있습니다. 이 책은 사회적 상황에서 편안함을 느낄 수 있는 길로 여러분과 아이를 이끌어 주는 안내서입니다. 인지 행동 요법에 바탕을 두며 다음과 같은 내용을 포함하고 있습니다.

- 인사하기, 질문하기, 질문에 답하기 등 사회성 기술을 연습하기
- 적극적으로 의사를 표현하기
- 힘든 상황에 점진적으로 노출하여 다양한 상황에 대한 독립심을 기르기
- 새로운 방식으로 사고하는 법, 자기 자신에게 자신감을 북돋워 주는 법을 배우기
- 자신이 원하는 대로 일이 풀리지 않는 상황에서 문제를 해결하기
- 스트레스를 다루기 위하여 감정을 조절하기

책에 실린 다양한 활동과 연습을 통하여 소리 내어 말하고 어울리고 참여하는 방법을 익힐 수 있습니다. 이 책은 어린이 스스로 읽

을 수 있도록 구성되어 있습니다만, 어른의 도움과 지도가 있다면 더 좋은 결과를 얻을 수 있습니다. 아이가 아직 어리다면, 사회 불안을 극복할 수 있는 행동을 가르칠 수 있는 좋은 기회입니다. 학부모나 교사가 함께한다면 어른이 먼저 이 책 전체를 읽어 보는 방법을 추천합니다. 그런 다음, 아이와 함께 한 번에 한 장씩 천천히 책을 읽어 보기를 바랍니다. 책을 읽으며 아이를 격려해 주고, 어떤 예시와 연습이 실제로 도움이 되었는지 함께 이야기하는 시간도 가져 보세요. 아이가 받아들이고 연습할 수 있는 것들이 많습니다. 아이의 노력에 대하여 사소한 것이라도 크게 아낌없이 칭찬해 주기를 바랍니다. 변화는 작은 걸음, 걸음을 딛고 일어납니다.

만약 여러분 자신이 이전에 수줍음이나 사회 불안증을 경험한 적이 있다면 책에 등장하는 많은 예시가 여러분의 과거 경험과 같다는 사실을 알게 될 것입니다. 여러분이 아이와 같은 어려움을 겪은 적이 있으며, 그것을 극복하기 위하여 어떻게 했는지 아이에게 이야기해 주세요. 또, 여러분의 삶을 방해하는 불안함을 어떻게 다스렸는지 경험을 들려주세요. 여러분 자신이 사회적 상황에서 불안함을 느껴 본 적이 거의 없더라도 아이의 입장을 이해하려고 노력해야 합니다. 아이가 지지받는 느낌을 받고 기꺼이 어려움을 감당할 수 있게끔 하려면 시간이 걸릴 것입니다. 그 과정에 여러분의 공감과 인내심이 필요합니다.

이 책은 다음과 같이 개인적인 경험과 관계없이 아이에게 도움을 줄 수 있는 방법들을 제안합니다.

- 새로운 경험을 하기 전에 아이를 준비시키고, 어려운 과정을 좀 더 쉽게 받아들이도록 돕기
- 아이의 감정을 이해하고 아이를 도우려는 마음을 충분히 표현하기
- 아이를 다양한 새 경험에 편안한 단계를 밟아 나가며 노출시키기
- 아이의 재능과 관심사를 지지하고 발전시키도록 돕기
- 좋은 인간관계와 우정의 본보기를 보여 주기
- 차분하고 자신감 있게 아이와 대화하기

사회적으로 소극적인 아이들도 대부분 시간이 지나면 감정 표현에 능숙해지고 덜 어색해합니다. 하지만 사회 불안증에 의하여 방해받고 있는 일부 아이들은 걱정이 지나치게 많거나 공포, 과민성, 수면 문제 등 관련된 다른 어려움을 겪고 있을 가능성이 있습니다. 만약 어려움이 계속 이어져서 추가적인 도움이 필요하다면 전문가와 상담해 보기를 바랍니다.

사회적 자신감을 쌓기 위하여 아이와 함께하는 둘만의 시간을

즐겨 보세요. 아이는 곧 친구와 함께하느라 그리고 새로운 활동들로 바빠져서 그 자리를 떠날지도 모릅니다.

**건강한 마음, 행복한 삶
잇츠북 출판사의 마음 Pick! 시리즈**
----

① 내 마음이 잘 지냈으면 좋겠어
케이티 헐리 글, 인디 그림, 조연진 옮김, 178쪽, 14800원

② 나의 미래니까, 나답게
조셉 V. 치아로키, 루이즈 L. 헤이즈 글, 지효진 그림, 김정은 옮김, 213쪽, 15800원

③ 오늘 난, 행복을 만나요
리디아 하우엔실트 글, 유영미 옮김, 106쪽, 14800원

④ 진짜 친구는 나를 불편하게 하지 않아
제시카 스피어 글, 박지영 그림, 조연진 옮김, 155쪽, 14800원